Jörg Peschke

Automatische HTML-Inhaltsanalyse in Webseiten

Verfahren zur Extraktion von Inhalten basierend auf Web-Seiten-Änderungen

VDM Verlag Dr. Müller

Impressum

Bibliografische Information der Deutschen Nationalbibliothek: Die Deutsche Nationalbibliothek verzeichnet diese Publikation in der Deutschen Nationalbibliografie; detaillierte bibliografische Daten sind im Internet über http://dnb.d-nb.de abrufbar.

Coverbild: www.purestockx.com

Erscheinungsjahr: 2008
Erscheinungsort: Saarbrücken

Verlag:
VDM Verlag Dr. Müller Aktiengesellschaft & Co. KG, Dudweiler Landstr. 125 a, 66123 Saarbrücken, Deutschland,
Telefon +49 681 9100-698, Telefax +49 681 9100-988,
Email: info@vdm-verlag.de

Herstellung in Deutschland:
Schaltungsdienst Lange o.H.G., Zehrensdorfer Str. 11, D-12277 Berlin
Books on Demand GmbH, Gutenbergring 53, D-22848 Norderstedt

ISBN: 978-3-8364-9499-1

Jörg Peschke

Automatische HTML-Inhaltsanalyse in Webseiten

Inhaltsverzeichnis

Kapitel 1

Einführung

1.1 Motivation

Die Analyse und Extraktion von HTML-kodierten Inhalten stellt ein häufiges Problem in der Dokument-Verarbeitung dar. Für herkömmliche Dokumente wurden hierzu verschiedene Verfahren entwickelt:

- Die *Mustererkennung* macht sich optisch-graphische Verfahren zu Nutze, um zusammengehörige Inhalte zu erkennen und zu extrahieren

- Im Bereich des *Data-Mining* wird versucht, ein semantisches Verständnis des Inhaltes zu entwickeln, mit dessen Hilfe einzelne Inhalte erkannt und extrahiert werden können.

Für HTML-Dokumente bietet die Analyse des Seiten-Quelltextes weitere Möglichkeiten zur Inhalts-Extraktion. Herkömmliche Verfahren, die den Quelltext zur Inhalts-Erschließung nutzen, sind jedoch meist Seiten-spezifisch, d.h., für die Erkennung und Extraktion einzelner Inhalte ist ein fundiertes Wissen der Seiten-Struktur erforderlich, welches stark von der jeweils betrachteten Seite abhängt.

In diesem Buch wird ein neuer, generischer Lösungsansatz für dieses Problem entwickelt: Betrachtet werden nicht mehr nur einzelne Seiten, sondern die Änderungen eines HTML-Dokumentes zwischen zwei verschiedenen Zeitpunkten. Es werden Algorithmen beschrieben, mit denen einzelne, geänderte Elemente innerhalb eines Dokumentes erkannt und zu logisch sinnvollen Blöcken zusammengefasst werden.

Die Basis der in diesem Buch beschriebenen Implementierung stellt der *WebWatch*-Prototyp der Firma *etone Intermedia GmbH* dar. Dieses System archiviert periodisch HTML-Seiten und speichert Statistiken über Änderungshäufigkeiten, Art der Änderungen usw.

1.2 Differenz-Analysen: Präsentationsformen

Das *World Wide Web* ist ein Medium, das häufigen Änderungen unterliegt: Die vergleichsweise einfache Erneuerung von Inhalten bietet zahlreiche Möglichkeiten, stellt aber gleichzeitig auch hohe Anforderungen an den Betreiber einer Webseite, von dem die Konsumenten in zunehmendem Maße Aktualität verlangen. Analysen über Art, Häufigkeit und Umfang von Änderungen an Webseiten sind daher sowohl für die Benutzer als auch für die Web-Site-Betreiber ein hilfreiches Mittel, die Qualität,den Wert oder die Aktualität eines Internet-Angebotes einzuschätzen. Solche Analysen sind manuell kaum durchführbar. Die Komplexität großer Internet-Seiten ist hoch und der Vergleich durch einen Menschen daher extrem aufwendig. Deshalb werden immer wieder neue Systeme entwickelt, die solche Analysen automatisiert durchführen können.

Ein Problem stellt hierbei die adäquate Präsentation der Änderungen für den Benutzer dar:

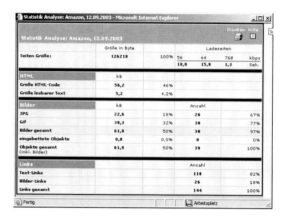

Abbildung 1.1: Differenzanalysen: Statistiken

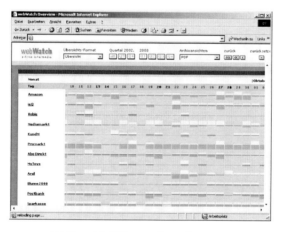

Abbildung 1.2: Differenzanalysen: Diagramme

2

Abbildung 1.3: Differenzanalysen: Änderungsmarkierung am Beispiel von www.quelle.de [10]

Abbildung 1.4: Überblick über das WebWatch-System

Statistiken ermöglichen einen klaren Überblick über die präzisen Daten eines oder mehrerer Änderungs-zeitpunkte, erfordern jedoch hohes Abstraktionsvermögen vom Benutzer, da die Änderungen nicht direkt, sondern nur in Zahlen- und Tabellenform dargestellt werden (siehe Abb. 1.1).

Diagramme bieten eine übersichtliche Darstellung mehrerer Änderungen und erhöhen die Vergleichbar-keit einzelner Änderungszeitpunkte, erfordern aber ebenfalls Abstraktion vom Benutzer, der nur die Quantität einer Änderung, aber nicht die Änderung selbst sehen kann (siehe Abb. 1.2).

Markierung von Änderungen in der Quelldatei (z.B. durch Farbe) bietet eine gute Einschätzungsmöglichkeit für den Umfang einer Änderung zu einem bestimmten Zeitpunkt. Der Überblick über mehrere Änderungszeitpunkte ist jedoch nur durch „Durchblättern" der einzelnen Quelldateien möglich, was die Übersichtlichkeit für längere Beobachtungszeiträume stark einschränkt (siehe Abb. 1.3).

Das WebWatch-System nutzt bislang nur diese Methoden, um Änderungen für den Benutzer transparent zu machen. Im Rahmen der hier vorgestellten Prototyp-Implementierung soll nun eine weitere Präsen-tationsform entwickelt werden: Einzeländerungen sollen zu logischen Blöcken zusammengefaßt werden, die sich der Benutzer anzeigen lassen kann. Durch eine Auswahl einzelner Blöcke soll bestimmt werden können, welche Änderungen eines bestimmten Änderungszeitpunktes für den Benutzer besonders relevant sind.

Diese ausgewählten Blöcke sollen sich dann zu einem Bericht zusammenfassen lassen, der dem Anwender eine komfortable Übersicht über mehrere Änderungszeitpunkte ermöglicht.

1.3 Das WebWatch-System

Das WebWatch-System (siehe Abb. 1.4) ist ein Internet-Dienst zur Analyse von Änderungen in Webseiten. Benutzer des Systems können die Archivierung einzelner HTML-Quellen anfordern und sich im Anschluß Änderungen sowie statistische Daten zu diesen Änderungen anzeigen lassen (siehe Abb.1.1,1.2,1.3)

Mit der hier entwickelten Erweiterung sollen sich darüber hinaus geänderte Inhalte auch zu Blöcken gruppiert anzeigen lassen. Der Benutzer kann für jeden Änderungszeitpunkt einzelne Blöcke auswählen, die er in seinen Änderungsbericht aufnehmen möchte.

1.3.1 Analyseschritte

Die Analyse von HTML-Dokumenten findet in mehreren Schritten statt (siehe Abb. 1.5):

Archivierung von HTML-Seiten: Um die Inhalte einer Webseite zu einem späteren Zeitpunkt ab-rufen und analysieren zu können, werden die HTML-Seite sowie alle referenzierten eingebetteten Objekte (Bilder, Videos, ...) heruntergeladen und im Datei-System gespeichert. Verweise auf Ob-jekte werden entsprechend an den lokalen Speicherort angepasst.

4

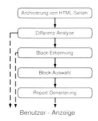

Abbildung 1.5: Analyse-Schritte

Differenz-Analyse: Die eben heruntergeladene Seite wird mit ihrer Vorgänger-Version verglichen, um festzustellen, welche Teile der Webseite sich geändert haben. Diese Änderungen werden durch entsprechende Kommentare im Quelltext (für die maschinelle Weiterverarbeitung) oder durch farbige Markierungen (für die Darstellung für den Benutzer) hervorgehoben. Der so modifizierte Quelltext wird erneut im Dateisystem gespeichert. Daten über Häufigkeiten und Art der Änderungen werden im MySQL-Datenbank-System abgelegt.

Block-Erkennung: Die in der Differenz-Analyse herausgearbeiteten Änderungen stehen noch in keinem Zusammenhang zueinander. Für eine komfortable Report-Generierung ist es jedoch notwendig, diese nicht nur einzeln zu betrachten, sondern ihre Beziehungen zueinander mit zu berücksichtigen. Darum werden Heuristiken verwendet, um zusammengehörige Änderungen zu Blöcken zusammenzufassen, die in einem sinnvollen Kontext zueinander stehen.Informationen über erkannte Blöcke werden dem Benutzer angezeigt und im Datenbank-System abgelegt.

Block-Auswahl: Da nicht alle Änderungsblöcke für jeden Benutzer gleich wichtig sind, kann der Benutzer im folgenden eine Auswahl treffen, welche Änderungen einer Webseite für seine Bedürfnisse besonders relevant sind. Diese Blöcke werden aus der HTML-Seite extrahiert und im Datenbanksystem gespeichert, um für die spätere Report-Generierung zur Verfügung zu stehen.

Report Generierung: Aus den ausgewählten Blöcken für jeden Änderungszeitpunkt wird ein Änderungsbericht erstellt, der dem Benutzer in Form einer eigenen HTML-Seite angezeigt wird, um ihm so eine möglichst komfortable Übersicht über das Änderungsverhalten einer Webseite über einen längeren Zeitraum zu bieten.

1.4 Eingesetzte Technologien

1.4.1 Vorgaben

Das WebWatch-System soll (bis auf den Einsatz eines modernen Standard-Browsers) ohne die Installation von Zusatz-Software auf dem Client-Rechner auskommen. Folglich läuft ein Großteil des Systems serverseitig, der Client dient lediglich als Schnittstelle zwischen System und Benutzer. Die für die Implementierung eingesetzen Technolgien werden im folgenden aufgeführt.

1.4.2 Client-Seite

Einsatz gängiger Browser-Techniken:

Anzeige: HTML, Cascading Stylesheets :
Darstellung des Benutzer-Interfaces, farbige Hervorhebung von Änderungen

Client-seitige Programmlogik: JavaScript :
Entgegennahme und Verarbeitung von Benutzer-Kommandos, Weiterverarbeitung von System-Zuständen zur Übertragung an den WebWatch-Server

1.4.3 Server-Seite

Primäre Ablauf-Umgebung für das WebWatch-System.

Implementierungssprache: Perl :
Perl wurde als Programmiersprache gewählt, da es sich durch Standard-Sprachkonstrukte (Reguläre Ausdrücke, Pattern Matching, ...) sowie zahlreiche bereits vorhandene Bibliotheken besonders gut zur Verarbeitung von HTML-Dokumenten eignet.

Datenaustauch: Common Gateway Interface (CGI) :
Austausch von Daten zwischen Webserver und Client

Speicherung: Dateisystem / MySQL Datenbank :
Für die Speicherung archivierter HTML-Dateien ist das gängige Dateisystem des Server-Rechners ausreichend, für Benutzer-spezifische Daten (Block-Auswahl usw.) sowie Statistiken ist der Einsatz eines Datenbanksystems sinnvoll.

Kapitel 2

Archivierung von HTML-Seiten

Der WebWatch-Prototyp archiviert Web-Seiten mit Hilfe eines Visual Basic-Skripts für den Internet Explorer [1]. Um Plattformunabhängigkeit zu gewährleisten und die Anbindung an den Rest des Systems zu erleichtern, wurde ein eigenes Perl-Programm (`get_site.pl`) zum Archivieren von HTML-Seiten implementiert.

Zur Speicherung einer Web-Seite genügt es nicht, nur ihren HTML-Code herunter zu laden, da in ihm auch externe Objekte referenziert werden können. Das `get_site`-Programm muss daher eine Web-Seite vor dem Speichern analysieren, um solche Referenzen zu erkennen. Eine Archiv-Kopie einer Web-Seite besteht aus:

- der Web-Seite selbst

- ggf. Frame-Seiten, falls es sich bei der ursprünglichen Seite um ein Frameset handelt

- Bildern

- eingebetteten Objekten (JavaApplets, Videos, Flash-Animationen, ...)

- externen Cascading Stylesheet-Definitionen

- externen JavaScript-Programmen

Desweiteren müssen die Referenzen in der HTML-Seite an die geänderten, jetzt lokalen Speicherorte angepasst werden.

2.1 Dynamisches HTML

Durch moderne Browsertechniken wie JavaScript, Java, VBScript oder ActiveX ist es möglich, Web-Seiten dynamischer zu gestalten und Inhalte während der Laufzeit (d.h. während der Anzeige im Browser) zu generieren, zu verändern oder nachzuladen. Durch diese Möglichkeiten können sich die im Folgenden beschriebenen Probleme ergeben.

2.1.1 JavaScript

Dynamisches Nachladen von Inhalten

Mit JavaScript lassen sich zur Laufzeit zusätzlihe Objekte nachladen, die im aktuellen oder einem neuen Fenster angezeigt werden. Dies geschieht z.B. über die `href`-Eigenschaft des `location`-Objektes oder durch die `open`-Methode des `window`-Objektes:

```
<html>
  <head>
    ...
    <script type="text/javascript">
    <!--
        function refresh() {
            window.location.href = "http://www.uni-erlangen.de";
        }
    //-->
    </script>
    ...
  </head>
  <body onLoad="refresh()">
    ...
```

Im oberen Beispiel (die HTML-Seite ruft, sobald sie im Browser angezeigt wird, automatisch die Webseite www.uni-erlangen.de auf) genügt ein einfaches Pattern-Matching Verfahren mit einem regulären Ausdruck, um die entsprechende Adresse zu extrahieren und nachzuladen. Schwieriger wird eine Erkennung, wenn der location.href-Eigenschaft nicht einfach nur ein statischer String, sondern ein Variablenname übergeben wird:

```
    ...
    <script type="text/javascript">
    <!--
        function refresh(new_url) {
            window.location.href = new_url;
        }
    //-->
    </script>
    ...
  </head>
  <body onLoad="refresh('http://www.uni-erlangen.de')">
    ...
```

Eine einfache Textsuche reicht hier nicht mehr aus: Die location.href-Eigenschaft erhält ihren Wert von der Variable *new_url*, deren Wertzuweisung beim Funktionsaufruf (also beim Auswerten des body-Eventhandlers onLoad) geschieht. Dieses (noch recht einfache) Beispiel zeigt, dass eine einfache Pattern-Suche nicht ausreicht, um dynamische Objekte nachzuladen - für eine vollständig automatisierbare Seitenarchivierung wäre die Implementierung eines JavaScript-Parsers nötig.

Dynamische Inhaltsgenerierung

Ein noch größeres Problem stellt die document.write-Methode dar: Mit ihr können zur Laufzeit beliebige Inhalte auf die WebSeite geschrieben werden. Bei der Analyse des Quelltextes ist daher nicht ohne weiteres abzusehen, wie die Webseite letztendlich beim Benutzer aussehen wird. Auch hier wäre die Implementierung eines JavaScript-Parsers nötig, wollte man eine vollautomatische Webseiten-Archivierung umsetzen.

Der JavaScript-Präprozessor

Da für dieses Buch der Schwerpunkt nicht auf der Archivierung von Webseiten, sondern auf deren Analyse liegen soll, wurden die oben angesprochenen Probleme mit Hilfe von JavaScript-Präprozessor-Modulen gelöst, die der Benutzer vor der Archivierung einer Webseite anpassen und in das System einbinden kann.

„Einfache" `location.href`- oder `window.open`-Anweisungen (wie im ersten Beispiel) werden dabei vom Programm erkannt und die entsprechenden Objekte werden nachgeladen, bei schwieriger aufzulösenden Anweisungen (wie im zweiten Beispiel) wird eine Warnung ausgegeben. Der Benutzer kann dann mit dem Präprozessormodul die fragliche Anweisung ersetzen.

2.1.2 Generelle Probleme

Die Beschreibungen der JavaScript-Problematik macht deutlich, dass eine vollautomatische Seitenarchivierung nicht ohne eine umfassende JavaScript-Integration realisierbar ist. Doch während die Analyse von JavaScript wenn auch aufwendig, so zumindest möglich wäre, stößt eine vollautomatische Lösung spätestens bei Java-Applets, ActiveX-Elementen oder Flash-Objekten an ihre Grenzen: Auch diese können dynamisch Objekte nachladen, der Programmcode lässt sich jedoch überhaupt nicht analysieren. Solche dynamisch nachgeladenen Objekte gingen also bei der Speicherung verloren.

Ein möglicher Ausweg könnte eine Art Proxy sein, der die HTTP-GET-Aufrufe speichert, die während der Anzeige einer Webseite im Browser getätigt werden.

Kapitel 3

Differenz-Analyse

Nach Archivierung einer Webseite muss diese nun mit ihrer Vorgänger-Version verglichen werden, um zu bestimmen, welche Teile sich geändert haben und welche gleich geblieben sind.

Der WebWatch-Prototyp nutzte hierfür einen einfachen Algorithmus, bei dem lediglich festgestellt wurde, ob ein Textblock, ein Bild o.ä., das in der Vorgänger-Version der Seite auftauchte, auch in der neuen Seite zu finden ist oder nicht. Falls nein, wurde dieses Element als Änderung gewertet.

Dieses Verfahren ist für eine präzise Änderungsanalyse unzureichend, da zum einen Textblöcke als „nicht-geändert" gewertet werden, die in einem anderen Zusammenhang als in der Ursprungsseite stehen, zum anderen werden Textblöcke, die sich nur geringfügig (z.B. nur durch ein Wort) unterscheiden, komplett als „geändert" gewertet.

Aus diesem Grund wurde die Differenzanalyse hier neu implementiert. Die Basis stellt dabei der *HTML-Diff*-Algorithmus (vgl. [3]) dar.

3.1 Auswahl der HTML-Dateien

Wie in Kapitel 2 bereits angesprochen, besteht die Sicherung einer Webseite nicht zwingend nur aus einer Datei. Vielmehr können mehrere HTML-Dateien vorhanden sein, die verglichen werden können.

Das bestehende System soll lediglich die Hauptseite einer Web-Site untersuchen. Aus diesem Grund wird für den Vergleich zweier Änderungszeitpunkte aus jeder Sicherung die jeweils größte HTML-Datei ausgewählt, basierend auf der Annahme, dass es sich bei dem Hauptframe immer um diejenige Datei handelt, die die größte Datenmenge enthält.

3.2 Das LCS-Problem

Die meisten Differenz-Algorithmen zur Berechnung der Unterschiede zweier Dateien und auch der in unserer Implementierung verwendete HTMLDiff-Algorithmus gehen auf die Lösung des sog. *Longest Common Subsequence*-Problems zurück. Das *Longest Common Subsequence Problem*, kurz *LCS*, beschreibt die Aufgabe, zu zwei Zeichenketten A und B die längste, nicht notwendigerweise zusammenhängende Token-Sequenz zu bestimmen, die in A und B vorkommt. Als Änderungen werden alle diejenigen Token betrachtet, die nicht Teil dieser Longest Common Subsequence sind. Ein Token kann dabei ein Zeichen oder eine definierte Folge aus Zeichen sein.

Das folgende Beispiel soll dies verdeutlichen. Dabei wird hier jedes einzelne Zeichen als Token betrachtet.

```
A:      ABCDEFGHIJKLMNO

B:      ABCPOLUZIJKLTTO
```

```
LCS(A, B): ABCIJKLO
```

Für die Lösung des LCS-Problemes wurde eine leicht modifizierte Version des CPAN-Moduls `Algorithm::Diff` von Ned Konz (vgl. [4]) verwendet, eine Implementierung des Algorithmus' von McIl-Roy und Hunt (vgl. [2]) mit einigen Geschwindigkeits-Optimierungen.

3.3 Der HTMLDiff-Algorithmus

Die konkrete Anwendung des LCS-Problems kann man z.B. anhand des UNIX-Programmes `diff` sehen: Hier entspricht eine Zeile in einer Datei einem Token. Zur Bestimmung der Änderungen zwischen zwei Dateien wird also die Longest Common Subsequence über die Zeilen gebildet. Alle Zeilen, die darin nicht auftauchen, werden als „geändert" betrachtet.

Für den Vergleich von HTML-Dateien ist der herkömmliche `diff`-Algorithmus ungeeignet: Zeilenunter-schiede in HTML sind unerheblich, wichtig sind die einzelnen Textelemente als Ganzes und innerhalb welcher Markups sie stehen. Der *HTMLDiff-Algorithmus* von Douglis *et al.* (vgl. [3]), der im Folgenden beschrieben werden soll, löst sich von dem Ansatz des Zeilenvergleichs und untersucht Unterschiede in Sätzen und Markup-Elementen.

Im HTML-Diff-Algorithmus ist ein *Token*

- ein Zeilenumbruch (*linebreaking tag*), das heißt, ein HTML-Element, welches eine neue Zeile im Textfluss hervoruft,z.B. `<br>`,`<hr>`,`<div>` usw.

- ein Satz, bestehend aus einer Reihe von Wörtern und Markup-Elementen. Ein Satz wird durch ein Satzende-Zeichen (z.B. „.", „!", „?" usw.) beendet.

```
token         := zeilenumbruch | satz
zeilenumbruch := <br> | <hr> | <table> | <div> | <p> |...
satz          := {wort | markup}*{.|!|?|...}
```

Dabei werden Markups noch weiter in zwei Kategorien unterteilt:

Inhalts-gebende Markups (*Content-defining-markups*) sind HTML-Elemente, die selbst Inhalt besit-zen. Ein solches Markup kann z.B. ein Bild (`<IMG...>`), ein Hyperlink (`<A...>`) oder ein Java-Applet (`<APPLET...>`) sein.

Nicht-Inhaltsgebende Markups (*non-content-defining-markups*) sind HTML-Elemente, die selbst keinen Inhalt haben, sondern lediglich bestimmte Bereiche (z.B. mit einer bestimmten Formatie-rung) innerhalb des Dokumentes definieren. Beispiele hierfür sind `<span>`,`<b>`,`<i>`,`<font>` usw.

```
markup              := content-defining | non-content-defining
content-defining    := <img> | <a> | <applet> | <object> | ...
non-content-defining := <b> | <i> | <font> | ...
```

3.3.1 Vergleich zwischen zwei Tokens

Um zu überprüfen, ob zwei Tokens t_1 und t_2 identisch sind oder nicht, benutzt der HTMLDiff-Algorithmus das folgende Verfahren:

Zunächst wird überprüft, ob beide Tokens den selben Typ haben, also ob es sich um zwei Sätze oder um zwei Zeilenumbrüche handelt.

- Handelt es sich um einen Zeilenumbruch und einen Satz, liefert der Algorithmus 0 („nicht passend") zurück.

- Handelt es sich um zwei Zeilenumbrüche, so liefert der Algorithmus 1 („exakt passend"), falls $t_1 = t_2$, ansonsten 0.

- Handelt es sich um zwei Sätze, so werden zuerst die Längen l_1 und l_2 beider Sätze bestimmt. Die Länge ist definiert als die Summe aller enthaltenen Wörter plus der Summe aller enthaltenen inhalts-gebenden Markups. Ist der Längenunterschied $|l_1 - l_2|$ größer als ein Grenzwert α, so bricht der Algorithmus ab und gibt 0 zurück, da die Sätze offenbar zu unterschiedlich sind, als dass sie zusammen passen könnten.

Ist dagegen $|l_1 - l_2| \leq \alpha$, so wird als nächstes die LCS beider Sätze bestimmt, mit Wörtern und inhaltsgebenden Markups als Tokens. Die Summe beider Längen $l_1 + l_2$ wird mit L bezeichnet, die Länge der LCS mit W. Falls gilt: $2 \cdot W/L \geq \beta$, so liefert der Algorithmus das Ergebnis als Ähnlichkeitsmaß zurück. Ansonsten wird 0 für „nicht passend" zurückgeliefert. β ist dabei ein Benutzer-definierbarer Grenzwert.

Algorithmus zum Vergleich zweier Tokens t_1 und t_2

1. Bestimme $typ(t_1)$ und $typ(t_2)$

   - `return(0)`, falls $typ(t_1) \neq typ(t_2)$
   - `return(1)`, falls $typ(t_1) = typ(t_2) = zeilenumbruch \wedge t_1 = t_2$
   - `return(0)`, falls $typ(t_1) = typ(t_2) = zeilenumbruch \wedge t_1 \neq t_2$

2. Bestimme $l_1 = \sum woerter(t_1) + \sum contentdefining(t_1)$ und $l_2 = \sum woerter(t_2) + \sum contentdefining(t_2)$

   - `return(0)` falls $|l_1 - l_2| > \alpha$

3. Bestimme die Länge W von $LCS(t_1, t_2)$

4. $L = l_1 + l_2$

5. Falls $2 \cdot W/L \geq \beta$, `return(2 \cdot W/L)`, ansonsten `return(0)`

Kapitel 4

Zusammenfassung zu Blöcken

Durch die Differenzanalyse (siehe Kapitel 3) ist es möglich, einzelne Änderungen in Dokumenten zu erkennen und diese anzuzeigen. Diese Einzeländerungen sind jedoch noch isoliert und ohne jeden Zusammenhang zueinander. Für eine komfortable Auswahl von Änderungen sollen daher die Einzel-Änderungen, die zusammengehören, zu möglichst großen Blöcken zusammengefasst werden.

Die Grundidee dahinter ist die Annahme, dass Elemente des selben Kontextes in einem Dokument (beispielsweise ein Bild und ein Textblock, der dieses Bild beschreibt) meist auch zusammen geändert werden. Änderungen können folglich Aufschluss über die Struktur und die inhaltlichen Zusammenhänge eines Dokumentes geben.

Generell wurde für die Block-Erkennung zwischen drei Arten von HTML-Gestaltungsmöglichkeiten unterschieden, die unterschiedliche Strategien für die Zusammenfassung von Einzeländerungen erfordern:

Herkömmliches HTML : Hierunter fallen alle Gestaltungsmethoden, die keine spezielle Positionierung von Elementen (wie z.B. durch Tabellen oder Cascading Stylesheets) mit sich bringen: Die Struktur im HTML-Quelltext bleibt weitgehend auch im angezeigten HTML-Dokument erhalten (die Reihenfolge von Elementen im HTML-Quelltext ist dieselbe wie im Dokument, aufeinander folgende Elemente im Dokument stehen auch im Quelltext untereinander usw.).

HTML-Tabellenstrukturen : Inhalte werden mit Hilfe von Tabellen positioniert. Zusammengehörige Elemente können nicht nur untereinander, sondern auch nebeneinander gruppiert werden.

Positionierungen mittels Cascading Stylesheets : HTML-Elemente bekommen eine exakte Position im Dokument zugeordnet. Die ursprüngliche Struktur des Quelltextes wird in der Anzeige des Dokumentes aufgebrochen, Element-Reihenfolgen in Quelltext und Dokument bleiben nicht erhalten (wird in diesem Buch nicht näher behandelt).

In diesem Kapitel sollen die verschiedenen Strategien und Algorithmen zur Zusammenfassung von Blöcken beschrieben werden.

4.1 Der HTML-Syntaxbaum

Durch die Differenzanalyse wurden Einzeländerungen erkannt und im HTML-Quelltext durch Kommentarzeilen markiert. Für das so entstandene HTML-Dokument wird nun ein HTML-Syntaxbaum aufgebaut. Dieser enthält als Wurzel das `<HTML>`-Element, als Zwischenknoten HTML-Tags und als Blattknoten HTML-Tags, die keine weiteren Elemente einkappseln (z.b. `<img>`, `<br>`, `<hr>`), Kommentare, oder reinen Text (siehe Abbildung 4.1).

```
<HTML>
    <HEAD>
        <TITLE> Testseite </TITLE>
    </HEAD>
    <BODY>
        <H1> Überschrift </H1>
        <CENTER>
            <B> Fetter Text </B>
            <IMG SRC="...">
        </CENTER>
    </BODY>
</HTML>
```

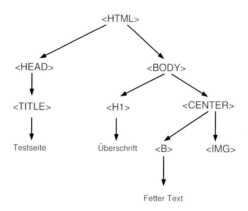

Abbildung 4.1: Der HTML-Syntaxbaum

4.1.1 Adressierung im HTML-Syntaxbaum

Um ein Element im Syntaxbaum eindeutig identifizieren zu können, bekommt es beim Aufbau des Baumes eine Adresse. Diese setzt sich zusammen aus der Adresse des Vaterknotens, einem Punkt und der Nummer des Astes, an dem das Elemnt steht, beginnend mit 0. Das Wurzel-Element erhält immer die Adresse 0. Im Beispiel oben hat also das Text-Element „Fetter Text" die Adresse 0.1.1.0.0.

4.2 Blöcke in herkömmlichem HTML

In herkömmlichen HTML-Dokumenten stehen alle HTML-Elemente untereinander, und zwar in der gleichen Reihenfolge, in der sie auch im Quelltext auftauchen. Die Regel zur Zusammenfassung von zwei oder mehr Einzeländerungen ist daher denkbar einfach:

14

> **Regel zur Zusammenfassung zweier Änderungen** : Zwei Einzeländerungen gehören genau dann zum selben Block, falls sie
>
> - direkt untereinander stehen oder
> - nur durch Leer-Elemente (Leerzeilen und ähnliches, siehe Kapitel 4.2.1) voneinander getrennt werden.

Warum zwischen zwei Änderungen im selben Block auch Leer-Elemente (also Elemente ohne jeden Daten-Inhalt) stehen dürfen, läßt sich anhand des folgenden Beispieles sehen: Seien A und B zwei Versionen eines Dokumentes:

Version A:

```
Sein Blick ist vom Vorübergehen der Stäbe

So müd' geworden, dass ihn nichts mehr hält

Ihm ist, als ob es tausend Stäbe gäbe

Und hinter tausend Stäben keine Welt
```

Version B:

```
Der weiche Gang geschmeidig starker Schritte,

Der sich im allerkleinsten Kreise dreht,

Ist wie ein Tanz von Kraft um eine Mitte,

In der betäubt ein grosser Wille steht.
```

Intuitiv ist klar, dass sich der komplette Text zwischen den Versionen A und B geändert hat, und folglich Version B einen kompletten Änderungsblock darstellt. Die Leerzeilen zwischen den Versen sind jedoch in A und B identisch, also genau genommen statische Elemente. Würde man also Leerzeilen wie andere Elemente behandeln, würde die Strophe in Version B auseinander gerissen werden, und es ergäben sich 4 Änderungsblöcke, je ein Block pro Vers.

4.2.1 Leere Elemente

Im oberen Beispiel wurde als ein mögliches Leer-Element bereits die Leerzeile (in HTML entspäche dies z.B. zwei `<br>`-Tags hintereinander) eingeführt - natürlich ist dies nicht das einzig mögliche Leer-Element.

Definition von leeren Elementen: Ob es sich bei einem HTML-Element um ein leeres Element handelt oder nicht, sei wie folgt definiert:

- Ein Zwischenknoten im HTML-Syntaxbaum (siehe Kapitel 4.1) ist genau dann *leer*, wenn alle seine Kindknoten *leer* sind.
- Ein Blattknoten im HTML-Syntaxbaum ist genau dann *leer*, wenn es sich um

  – nicht-inhaltsgebende Markup-Elemente (vgl. Kapitel 3.3), z.b. `<br>`, `<hr>`, `<font>` usw.
  – leeren Text (nur aus Leerzeichen, Tabulatoren usw. bestehend) oder
  – leere Bilder

  handelt.

Leere Bilder

Die Darstellung einer HTML-Seite ist durch den Designer mit herkömmlichen Gestaltungsmitteln (ohne Cascading Stylesheets) nur bedingt festlegbar: Eigenschaften wie Textgröße, Zeilenumbrüche oder Platzierung von Elementen unterliegen zu einem großen Teil den Browser-Einstellungen des Benutzers. Da Bilder zu den wenigen HTML-Elementen gehören, deren Ausdehnung in Höhe und Breite pixelgenau festgelegt werden können, sind sie ein beliebtes Gestaltungsmittel: Um Abstände, leere Bereiche u.a. zwischen HTML-Elementen zu erzeugen, werden einfarbige Bilder eingefügt, die dann mit den `height`- und `width`-Attributen in Höhe und Breite auf die gewünschte Größe gebracht werden. Der Einsatz solcher oft auch als *Blind-GIFs* bezeichneten Bilder hat darüber hinaus den Vorteil, dass deren Farben im Gegensatz zu den Farbgebungen, wie sie mit HTML möglich sind, nicht durch Benutzer-spezifische Einstellungen überschrieben werden können.

Solche Bilder enthalten keine Daten sondern lediglich Farbinformationen zu Gestaltungszwecken, und sollten aus diesem Grunde auch als "leere Elemente" behandelt werden. Die Entscheidung, ob es sich bei einem Bild um ein *Blind-GIF* oder ein Bild mit echtem Informationsgehalt handelt, läßt sich leicht über die Bildgröße treffen: Blind-GIFs benötigen zur Speicherung der Farbinformation nur sehr wenig Platz, Bilder mit echtem Informationsgehalt dagegen mehr. Für die vorliegende Implementierung werden aus diesem Grund alle Bilder, die eine kleinere Auflösung als 25 Pixel besitzen, als "leere Elemente" behandelt, alle anderen gelten als normale HTML-Elemente.

4.3 Blöcke in HTML-Tabellen

Werden HTML-Tabellen zur Gestaltung eines Dokumentes benutzt, genügt der einfache Algorithmus aus 4.2 nicht mehr, um Einzeländerungen sinnvoll zu Blöcken zusammenzufassen: Elemente können hier nicht mehr nur untereinander, sondern auch nebeneinander stehen. Die Suche nach weiteren Einzeländerungen in der Umgebung eines bereits gefundenen erweitert sich somit um eine Dimension.

Warum aber überhaupt innerhalb von Tabellen nach Änderungen suchen? Es läge doch nahe, die Tabelle als Ganzes zu betrachten.Falls sich irgendeine Zelle geändert hat, wird die komplette Tabelle als Änderungsblock zusammengefasst. Dieser naive Ansatz mag bei einfachen, kleinen Tabellenstrukturen durchaus ausreichend sein, er erweist sich bei genauerer Betrachtung der spezifischen Eigenschaften von HTML-Tabellen jedoch als unzureichend: Oft werden Tabellen in HTML nicht (wie im klassischen Sinn) zur übersichtlichen Anzeige von Zahlen, Daten und Fakten benutzt. Da sie in der klassischen Website-Gestaltung über lange Zeit (vor dem Einsatz von CSS) neben Bildern die einzigen Elemente waren, die

16

eine pixelgenaue Positionierung erlaubten, sind sie zu einem universell eingesetzten Gestaltungsmittel geworden: Viele Webseiten bestehen meist nur noch aus einer sehr großen Tabelle, mit zahlreichen Unter-Tabellen (ein Beispiel hierzu in Abbildung 4.2: Für dieses Bild wurden die sonst für den Betrachter unsichtbaren Zellenrahmen in der Web-Seite der Firma Quelle (http://www.quelle.de) sichtbar gemacht und gelb eingefärbt). Die Granularität zur Erfassung von Einzeländerungen reicht für solche Tabellen

Abbildung 4.2: Tabellen als universelles Gestaltungsmittel am Beispiel von www.quelle.de[10]

nicht aus, das Ergebnis wäre ein großer Änderungsblock, der die komplette Seite enthält. Aus diesem Grund ist eine feinere Suche auf der Ebene der Tabellenzellen nötig.

4.3.1 Algorithmus zur Zell-Zusammenfassung in Tabellen

Um einzelne Zellen einer Tabelle zu einem Änderungsblock zusammenzufassen, wird wie folgt vorgegangen: Zunächst wird die komplette Tabelle eingelesen, um die Tabellenstruktur zu erfassen. Dabei werden mit Hilfe der herkömmlichen Block-Zusammenfassung (siehe Kapitel 4.2) in jeder Tabellenzelle geänderte Elemente zu Blöcken zusammengefasst. Jeder Zelle wird daraufhin einer der folgenden Typen zugeordnet:

Leere Zellen sind Zellen, die keinerlei Daten enthalten, sondern nur leere Elemente (siehe Kapitel 4.2.1).

Geänderte Zellen sind Zellen, die *ausschließlich* geänderten Elemente enthalten, bei denen also der gesammte Zelleninhalt einen geänderten Block darstellt

Statische Zellen sind Zellen, die *keine* geänderten Elemente enthalten

Gemischte Zellen sind Zellen, die *sowohl* geänderte *als auch* nicht-geänderte Elemente enthalten.

17

Gemischte Zellen werden von vorn herein von der Block-Zusammenfassung ausgeschlossen, die in ihnen enthaltenen geänderten Blöcke werden einzeln gespeichert.

Begonnen wird zur Zusammenfassung mit einer beliebigen geänderten Zelle. Für diese Zelle wird ein Suchraum gebildet aus allen angrenzenden Zellen. Sollte eine dieser Zellen in eine weitere Zeile oder Spalte hinein ragen (dies kann man in HTML mit dem `rowspan`- und dem `colspan`-Attribut der `<td>`- oder `<th>`-Zellendefinition erreichen), wird der Suchraum entsprechend vergrößert, sodass er immer ein komplettes Rechteck darstellt. Befinden sich im Suchraum

- mindestens eine geänderte Zelle und

- keine gemischte Zelle (denn diese wurden ja für die Blocksuche ausgeschlossen) und

- keine Zelle, die bereits einem Block zugeordnet wurde

so wird der Suchraum als geänderter Block betrachtet. Für diesen Block wird wiederum ein Suchraum aus den angrenzenden Zellen erzeugt und der Block entsprechend erweitert, bis er sich nicht weiter vergrößern lässt. Ist dies der Fall, wird er als „geänderter Block" gespeichert, alle enthaltenen Zellen als „bereits zugeordnet" markiert und der Algorithmus startet von neuem mit einer weiteren geänderten, noch nicht bearbeiteten Zelle. Dies wiederholt sich so lange, bis alle geänderten Tabellenzellen abgearbeitet wurden.

Zellzusammenfassung

1. Lies Tabellenstruktur ein. Bestimmte für jede Zelle z $typ(z)$ mit $typ(z) \in \{leer, geaendert, statisch, gemischt\}$. Speichere einzelne Blöcke in gemischten Zellen.

2. Sei Z die Menge aller Zellen in der Tabelle. So lange gilt: $\exists z \in Z : typ(z) = geaendert$

    (a) Nimm beliebige Zelle $z \in Z$ mit $typ(z) = geaendert$

    (b) Bilde Block B aus geänderter Zelle z: $B = \{z\}$

    (c) Bilde aus allen benachbarten Zellen zu B den Suchraum S_B

    (d) Vergrößere S_B, falls darin Zellen exisitieren, die in andere Spalten oder Zeilen hineinragen.

    (e) Falls gilt: $\exists z \in S_B : typ(z) = geaendert$ und $\forall z \in S_B : typ(z) \notin \{gemischt, bearbeitet\}$:

        i. $B = B \cup S_B$

        ii. Wiederhole 2.c - 2.e

    (f) Speichere Block B, $\forall z \in B$ setze $typ(z) := bearbeitet$

    (g) Fahre fort mit 2.

4.3.2 Analyse und Bewertung

Wie man sieht, können Änderungsblöcke in einer Tabelle auch statische Zellen enthalten. Dies ist notwendig, um die Darstellung des Änderungsblockes im Report zu erleichtern. Interessanterweise verschlechterte sich die Qualität der Blockerkennung deutlich, wenn auch gemischte Zellen in die Änderungsblöcke aufgenommen wurden: Die Blöcke waren dann zu groß, es wurde immer fast die komplette Seite als Block erkannt. Diese Erkenntnis überrascht zunächst. Intuitiv sollte man annehmen, dass die rein statischen Zellen in dem Änderungsblock die Qualität der Blockerkennung stärker verschlechtern als gemischte Zellen, die ja zumindest ein paar geänderte Elemente enthalten. Eine mögliche Erklärung hierfür ist, dass sehr große Tabellen, die fast die komplette Seite einnehmen, selten rein statische oder rein geänderte Zellen besitzen, sondern gemischte. In kleineren Tabellenstrukturen, die für die Blockerkennung interessanter sind, tauchen hingegen häufiger rein statische oder rein geänderte Zellen auf. Der Zellen-Typ (rein-statisch/geändert oder gemischt) ist also in gewisser Weise ein Indikator für die Blockgröße.

Weiter verbessern läßt sich die Blockzusammenfassung in Tabellen noch durch die Verwendung einer gewissen Unschärfe beim Zusammenziehen der Blöcke(siehe Kapitel 5).

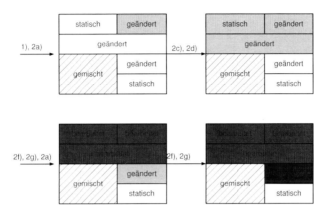

Abbildung 4.3: Blockzusammenfassung in HTML-Tabellen

4.4 Positionierung mittels Cascading Stylesheets

Die Web-Seiten-Gestaltung mit Cascading Stylesheets (CSS) bietet für den Entwickler erhebliche Vorteile:

- Layout und Struktur einer Seite können völlig voneinander getrennt werden. Wartung und Aktualisierung sind somit wesentlich leichter möglich, weil Angaben über das Design einer oder mehrerer Seiten zentral in einer CSS-Datei gespeichert werden können. Objektorientierte Konzepte wie Vererbung und Kapselung ermöglichen eine einfache, leicht strukturierbare Definition von Layout-Eigenschaften.

- Der Entwickler kann Vorgaben treffen, die auch durch benutzerspezifische Browser-Einstellungen nicht überschrieben werden können. Damit kann sichergestellt werden, dass der Benutzer tatsächlich die Seite so sieht, wie sie vom Designer geplant ist.

- Viele Design-Vorschriften lassen sich in normalem HTML überhaupt nicht definieren, sondern nur durch Benutzung von CSS-Eigenschaften

Da inzwischen alle modernen Browser einen Großteil der vom W3C([5]) definierten CSS-Spezifikation umgesetzt haben, ist es nicht verwunderlich, dass für die Web-Seiten-Gestaltung immer mehr auf CSS zurückgegriffen wird.
Für die Block-Zusammenfassung stellen Cascading Stylesheets ein Problem dar, falls HTML-Elemente hiermit positioniert werden: Mittels der Eigenschaften *top, left, bottom* und *right* lassen sich einzelne Elemente ganz exakt an einer zugewiesenen Bildschirm-Position platzieren, die so sogar andere Elemente überdecken können. Dies führt zu Problemen

- bei der Block-Zusammenfassung: Elemente, die im Quelltext untereinander stehen, müssen keineswegs in der Browser-Ansicht auch nahe beieinander sein. Durch die Zuweisung einer Position kann das Element im Browser-Fenster irgendwo platziert werden. Der HTML-Quelltext allein reicht somit für die Analyse der Struktur der angezeigten Seite nicht mehr aus.

- bei der Block-Extraktion: Positionen können mit CSS nicht nur absolut, sondern auch relativ bezüglich des vorhergehenden Elementes zugewiesen werden. Werden nun einzelne Elemente aus der Seite extrahiert, um sie in einem Änderungsbericht anzuzeigen, müssten diese Positionsangaben entsprechend umgerechnet werden, um immer noch eine brauchbare Anzeige zu erhalten.

Für unsere Implementierung wurde die Analyse von Cascading Stylesheets bewusst ausgeklammert: Die vorliegenden Analyseprozesse untersuchen vor der Block-Zusammenfassung die gegebene Seite auf Schlüsselworte, die auf CSS-Positionierungen hinweisen. Werden solche gefunden, wird dem Benutzer eine Warnung angezeigt, und die ganze Seite wird vom System als ein großer Block verstanden. Der Benutzer kann dann entscheiden, ob er diesen in seinen Änderungsbericht aufnehmen will oder nicht.

Da Cascading Stylesheets gerade in Zusammenhang mit dem neuen XHTML-Standard immer mehr in den Vordergrund rücken und auf absehbare Zeit das heute noch sehr verbreitete, aber unübersichtliche HTML-Tabellen-basierte Layout (siehe Kapitel 4.3) ablösen sollen, müssen zukünftig verstärkt Ansätze untersucht werden, die auch diese Gestaltungsmöglichkeit berücksichtigen. Denkbar wären z.B. zusätzliche CSS-Parser-Module, die in die Blockzusammenfassung die Positionierungen eines Elementes mit einbeziehen, Postionsangaben einzelner Elmente in einer Seite weiterverarbeiten und für das Layout des später zu erzeugenden Reports umrechnen können.

Kapitel 5

Unschärfe in der Block-Zusammenfassung

Die Algorithmen aus Kapitel 4 benutzen eine sehr starre Heuristik für die Zusammenfassung von Blöcken: Statische Elemente in normalem HTML, bzw. gemischte Zellen in Tabellen sorgen in jedem Fall für ein „Auseinanderreißen" eines Blockes, selbst wenn es sich nur um winzige statische Bereiche (z.B. nur einen Button oder ein Wort) handelt. Das folgende Beispiel verdeutlicht dies: Text A und Text B sind komplett verschieden, bis auf die zweite Zeile. Die herkömmliche Blockerkennung würde zwei Änderungsblöcke generieren, einen für die erste und einen für die dritte Zeile.

```
                    A
Die Blockerkennung ist eine feine Sache.
Doch Vorsicht:
Statische Elemente können Blöcke zerreissen.


                    B
Statische Elemente in Blöcken stören oft nicht.
Doch Vorsicht:
Dies hängt von der Größe der Elemente ab!
```

Oft nimmt man aber kleinere, statische Elemente in einem Änderungsblock in Kauf, wenn dieser dafür größer und übersichtlicher ist.

Um diese Unschärfe in der Zusammenfassung zu ermöglichen, wurde eine Zusatzfunktion entwickelt, mit der bereits gefundene Änderungsblöcke weiter zusammengezogen werden, indem bis zu einem gewissen Grad statische Elemente zwischen zwei Blöcken mit aufgenommen werden: Der sogenannte *Sloppy Mode*. Da der Grad der Unschärfe und die damit verbundene Blockgröße zum einen von der untersuchten Seite, zum anderen von den Vorlieben des Benutzers abhängig ist, kann der *Sloppy Mode* vom Benutzer beliebig für jede Seite angepasst werden. Der entscheidende Faktor hierfür ist der *Sloppy Level*: Er bestimmt, wie hoch die Distanz zwischen zwei geänderten Blöcken sein darf, damit diese zusammengezogen werden können.

Um zwei gefundene Blöcke zusammen zu ziehen, wird zunächst überprüft, ob sich beide Blöcke in einer gemeinsamen Tabelle befinden:

- Sind beide Blöcke in verschiedenen Tabellen oder wenigstens einer der Blöcke außerhalb einer Tabelle, so wird über den HTML-Syntaxbaum (siehe Kapitel 4.1) die *Element-Distanz* zwischen dem letzten Element des ersten Blockes und dem ersten Element des zweiten Blockes berechnet. Ist diese kleiner als der vorgegebene Sloppy Level, werden beide Blöcke zusammengefaßt.

- Sind beide Blöcke in der gleichen Tabelle, wird die *Zellendistanz* zwischen dem letzten Element des ersten Blockes und dem ersten Element des zweiten Blockes berechnet. Ist diese kleiner als der vorgegebene Sloppy Level, werden beide Blöcke zusammengefaßt.

Im Folgenden wird die Bestimmung der Zell- und der Element-Distanz beschrieben.

5.1 Bestimmung der Element-Distanz

Die *Element-Distanz* sei definiert als die Anzahl von Blattknoten, die zwischen zwei beliebigen Knoten im HTML-Syntaxbaum (siehe Kapitel 4.1) liegen. Um zu bestimmen, ob zwei Blöcke zusammengezogen werden sollen, wird die Element-Distanz zwischen dem letzten Element des einen Blockes und dem ersten Element des anderen Blockes bestimmt und mit dem vorgegebenen Sloppy Level verglichen. Abbildung 5.1 soll dies verdeutlichen: Hier wurden mit den herkömmlichen Algorithmen zwei Änderungsblöcke gefunden:

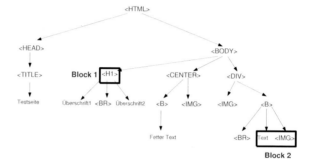

Abbildung 5.1: Sloppy Mode: Bestimmung der Element-Distanz

Block1 besteht aus dem `<H1>`-Tag, welcher die drei Kindelemente „Überschrift1", `<BR>` und „Überschrift2" beinhaltet.
Block2 besteht aus den beiden Elementen „Text" und einem Bild, `<IMG>`. Die Blattknoten, die zwischen beiden Blöcken stehen, sind „Fetter Text", `<IMG>`, `<IMG>` und `<BR>`. Die *Element-Distanz* zwischen Block1 und Block2 beträgt folglich 4. Für einen Sloppy level ≥ 4 würden also beide Blöcke zusammengezogen.Der neue Block besteht dann aus den Elementen `<H1>`, „Fetter Text", `<IMG>`, `<IMG>`, `<BR>`, „Text" und `<IMG>`, bzw. vereinfacht aus dem `<BODY>`-Element, da ja jetzt alle Kind-Elemente des Body- Tags zum Block gehören.

5.2 Bestimmung der Zell-Distanz

Wie auch schon bei der normalen Block-Zusammenfassung, so nehmen auch bei dem *Sloppy-Mode* HTML-Tabellen auf Grund ihrer zusätzlichen Dimension, die für die Gruppierung von Elementen zur Verfügung steht, einen Sonderstatus ein. Befinden sich zwei Blöcke in der selben HTML-Tabelle, wird daher nicht die Element-Distanz als Heuristik benutzt, sondern die *Zell-Distanz*.

Die *Zell-Distanz* sei definiert als die Anzahl der statischen Blattknoten, die ein Änderungsblock enthält. Um nun zu bestimmen, ob zwei Blöcke $B_1 = \{b_{11}, b_{12}, b_{13}, ..., b_{1n}\}$ und $B_2 = \{b_{21}, b_{22}, b_{23}, ...b_{2m}\}$ zusammengefasst werden dürfen, wird wie folgt vorgegangen:

22

1. Bestimme die Koordinaten (x_{min}, y_{min}) des ersten Elementes b_{11} aus B_1 und die Koordinaten (x_{max}, y_{max}) des letzten Elementes b_{2m} aus B_2. Das Koordinatenpaar setzt sich zusammen aus der Zeilen- und Spaltennummer der Tabellenzelle, in der das Element steht.

2. Bilde einen neuen Änderungsblock B_{neu} (ein Rechteck) mit den Koordinaten $((x_{min}, y_{min}), (x_{max}, y_{min}), (x_{max}, y_{max}), (x_{min}, y_{max}))$.

3. Bestimme die Zell-Distanz $d_{B_{neu}}$ von B_{neu}.

4. Falls der Sloppy-Level $s \geq d_{B_{neu}}$, füge Blöcke zusammen: Lösche B_1 und B_2, $\forall b_{neu} \in B_{neu}$, entferne b_{neu} aus bestehenden Änderungsblöcken.

5. Falls $s \leq d_{B_{neu}}$, können Blöcke nicht zusammengefaßt werden. Lösche B_{neu}.

Die Entfernung aller Elemente, die in B_{neu} vorkommen, aus anderen Änderungsblöcken ist nötig, da durch das Bilden des neuen Blockes ggf. Zellen mit-aufgenommen werden, die bereits in anderen Blöcken enthalten sind - durch die Entfernung werden Duplikate vermieden.

Abbildung 5.2 verdeutlicht das Vorgehen nochmals: In der vorliegenden Tabellen existieren vier geänder-

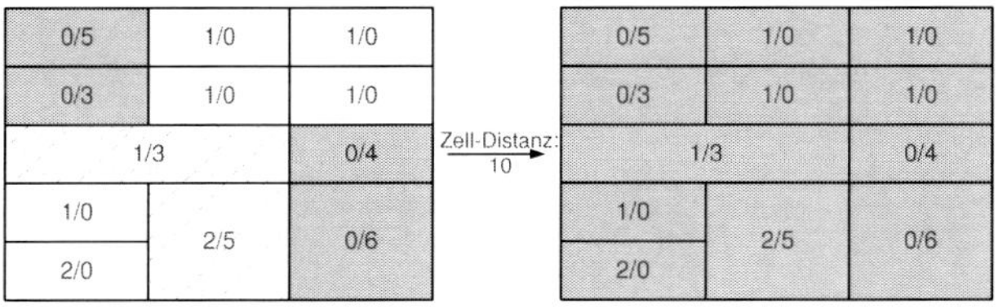

Abbildung 5.2: Sloppy Mode: Bestimmung der Zell-Distanz

te Zellen, die zu zwei Blöcken zusammengefaßt wurden, zwei gemischte Zellen mit geänderten und statischen Inhalten sowie sechs statische Zellen. Die erste Zahl in jeder Zelle gibt die Anzahl der statischen Blattknoten-Elemente an, die zweite Zahl die Anzahl der geänderten. Für die Zell-Distanz zwischen den beiden Blöcken ergibt sich somit 10.

Kapitel 6

Benutzer-Interface

Die bisherigen Kapitel dieses Buches befassten sich primär mit der benutzerunabhängigen Erkennung und Zusammenfassung von Änderungen in Webseiten: Alle durchgeführten Analyseschritte müssen für alle Benutzer gleichermaßen durchgeführt werden und sind daher benutzerunspezifisch.

Im Folgenden soll nun der Benutzer verstärkt in die Weiterverarbeitung eingebunden werden: Durch die Auswahl von relevanten Änderungsblöcken soll er die Möglichkeit haben, einzelne Komponenten einer Webseite gezielt herauszugreifen, um somit den später zu erstellenden Änderungsbericht speziell auf die für ihn relevanten Informationen zu reduzieren. Da es sich bei der Blockzusammenfassung insbesondere in Verbindung mit der in Kapitel 5 angesprochenen Unschärfe um ein stark heuristisch geprägtes Verfahren handelt, soll darüber hinaus die Möglichkeit gegeben sein, sie durch Anpassung des Sloppy levels entsprechend zu individualisieren.Hierfür ist ein einfach zu bedienendes Interface nötig, welches einen effizienten Zugriff auf diese Funktionen ermöglicht.

6.1 Überblick

Abbildung 6.1 zeigt eine Darstellung des verwendeten Interfaces für die Seite der Firma Quelle[10] vom 13.10.2003. Dieses besteht aus zwei Frames, die untereinander angeordnet sind:

Seitenansicht (`mainFrame`): In diesem Frame wird die Archivkopie der Web-Seite zum ausgewählten Datum mit entsprechenden Markierungen angezeigt. Nicht ausgewählte Änderungen werden gelb markiert. Fährt man mit der Maus über eine Änderung, verfärbt sich der komplette Block, in dem sie sich befindet, orange. Einen solchen Block kann der Benutzer auswählen, indem er ihn kurz anklickt. Der Block verfärbt sich daraufhin cyan-farben. Ein erneutes Anklicken des Blockes hebt die Auswahl auf, der Block wird wieder gelb.

Funktionen zur Blockzusammenfassung und -Auswahl (`blocks`): Hier befinden sich die Schalt- flächen zum Einstellen des Sloppy-Levels (*Blockgrößen größer/kleiner*) sowie eine Schaltfläche zum Speichern der Block-Auswahl für die Aufnahme in den Report.

Einen Sonderfall stellt die Analyse von Seiten dar, in denen Elemente mittels CSS positioniert wurden. Wie bereits in Kapitel 4.4 angesprochen, können solche Seiten derzeit noch nicht einer Block-Analyse unterzogen werden. Wird dies vom Benutzer dennoch versucht, wird ihm die Orginal-Webseite (ohne farbliche Hervorhebung) in der Seitenansicht angezeigt, zusammen mit einer Warnung, die ihn über diesen Umstand informiert (Abbildung 6.2). Mit den Schaltflächen *Nichts auswählen* und *Alles auswählen* kann der Benutzer bestimmen, ob er die komplette Seite in seinem Änderungsbericht haben will oder nicht und wie bei anderen Seiten auch mit der Schaltfläche *Speichern* diese Auswahl persistent machen. Die gerade aktive Auswahl wird farbig hinterlegt.

Abbildung 6.1: Benutzer-Interface, Darstellung der Homepage der Firma Quelle[10] vom 13.10.2003

Diese Seite enthält relative und/oder absolute Positionierungen mittels Cascading Stylesheets.
Eine Blockanalyse solcher Seiten ist derzeit leider noch nicht möglich.
Sie können jedoch die ganze Seite auswählen, um sie ich im Report in einem eigenen Frame anzeigen zu lassen.

Nichts auswählen   Alles auswählen

Abbildung 6.2: Benutzer-Interface: Warnung bei Seiten mit CSS-Positionierungen

6.2 Client-Server-Interaktion

Die in den bisherigen Kapiteln angesprochene Verarbeitung fand rein serverseitig statt. Die Programm-logik für das Benutzerinterface hingegen wird auf den Client-Rechner übertragen. Der Server bereitet die Seitenansicht lediglich vor und passt sie ggf. an, sollte der Benutzer Änderungen daran vornehmen wollen.

Diese Entkoppelung von Analyse- und Interfacelogik hat zwei Vorteile: Zum einen wird der Client nicht mit rechenaufwendigen Porzessen wie der Änderungsanalyse oder der Blockzusammenfassung belastet. Diese Berechnungen werden auf dem Server durchgeführt, wo sie auf Grund der Benutzerunabhängigkeit zwischengespeichert werden können, sodass sie dann für zukünftige Zugriffe zur Verfügung stehen und nicht erneut durchlaufen werden müssen. Zum Anderen werden Prozesse, die eine schnelle Antwortzeit erfordern (Reaktionen auf Benutzereingaben, Feedback von geänderten Systemzuständen), nur auf dem Client-Rechner ausgeführt, sodass der vergleichsweise zeitaufwendige Datenaustausch zwischen Client und Server auf ein Minimum reduziert wird.

Abbildung 6.3: Benutzer-Interface: Client-Server-Interaktion

6.3 Berechnung und Vorbereitung der Seitenansicht

Ruft der Benutzer zum ersten Mal die Seitenansicht einer Webseite zu einem bestimmten Datum auf oder ändert er den Sloppy-Level einer Seite, so muß die Seitenansicht zusammen mit den farbigen Markierungen der Änderungen neu generiert werden.
Hierzu wird zuerst die Block-Erkennung durchgeführt. Als nächstes werden die gefundenen Blöcke mit dem vom Benutzer vorgegebenen Sloppy Level weiter zusammengefasst. Die so entstandenen Blöcke müssen nun in der HTML-Seite sichtbar gemacht werden. Hierzu wird oberhalb jedes Blattknoten-Elementes im Syntaxbaum, das zu einem Block gehört, ein `<span>`-Element eingefügt. Dieses Element erhält eine Reihe von Attributen, die zur Farbgebung des Elementes und zum Reagieren auf bestimmte Benutzer-Aktionen dienen:

id : Hiermit wird dem span-Element die Nummer des Blockes übergeben, zu dem es gehört. Um span-Elemente, die von WebWatch eingefügt wurden, von anderen, die schon vorher im Dokument waren, zu unterscheiden, wird das Schlüsselwort *block* vor der Blocknummer eingefügt. Da das id-Attribut laut HTML-Spezifikation im gesamten Dokument eindeutig sein muss, wird zusätzlich noch die Adresse des Elementes im HTML-Syntaxbaum (siehe Kapitel 4.1.1) übergeben, getrennt von der Blocknummern-Information durch ein _-Zeichen.

class : Hier wird eine von drei Cascading-Stylesheet-Klassen angegeben, welche die Farbe des Blockes bestimmen:

> **unselected** bekommen span-Elemente in Änderungsblöcken, die vom Benutzer nicht ausgewählt wurden
>
> **selected** bekommen span-Elemente in Änderungsblöcken, die vom Benutzer für den Report ausgewählt wurden
>
> **hover_over** Dieses Stylesheet wird nur temporär zugeteilt, wenn der Benutzer die Maus über einen Block bewegt.

onClick, onMouseOver, onMouseOut : Diese Eventhandler werden gesetzt, um beim Client entsprechende Funktionen auszulösen, sobald der Benutzer einen Block mit der Maus anklickt oder über ihn fährt.

Bilder werden mit einem 2 Pixel dicken Rahmen versehen, wenn sie sich geändert haben.
Um sicher zu gehen, dass beim Überfahren oder Anklicken eines Änderungsblockes auch wirklich immer

26

die vorher definierten WebWatch-Funktionen aufgerufen werden, werden alle bestehenden Event-Handler gelöscht und Link-Adressen entfernt, damit der Browser durch das Anklicken eines Links nicht eine andere Seite aufruft.

Die so vorbereitete Seitenansicht wird an den Client geschickt und zusätzlich noch im Datenbanksystem gespeichert, damit bei einem erneuten Aufruf der Seite die Berechnung nicht von Neuem erfolgen muss.

6.4 Benutzer-Interaktion

Die Benutzerinteraktion (also das Auswählen einzelner Blöcke) läuft komplett clientseitig und wurde mit JavaScript implementiert. Fährt der Benutzer über einen Block oder klickt diesen an, so wird zunächst mit einem einfachen regulären Ausdruck die Blocknummer aus der ID des entsprechenden span-Elementes ermittelt. Daraufhin werden die IDs aller span-Elemente gesammelt, die ebenfalls zu diesem Block gehören, also die gleiche Blocknummer in ihrer ID haben. Für alle diese Elemente wird nun das Stylesheet des entsprechenden Elementes passend zu der Benutzer-Aktion auf `unselected, selected` oder `hover_over` geändert[1].

Speichert ein Benutzer seine Auswahl, so werden die Blocknummern der ausgewählten Blöcke an den Server übermittelt.

6.5 Entgegennahme und Weiterverarbeitung der Blockauswahl

Hat der Server vom Benutzer die Nummern der ausgewählten Blöcke erhalten, gleicht er seine eigene Sicht der des Benutzers an: Für Blöcke, die der Benutzer ausgewählt hat, setzt der Server nun in seiner in der Datenbank abgelegten Seitenansicht die Stylesheets aller `<span>`-Elemente auf `selected`. Damit wird sichergestellt, dass der Benutzer beim erneuten Öffnen der Seite seine früher getroffene Auswahl angezeigt bekommt. Desweiteren werden ausgewählte Blöcke gleich aus der Seite extrahiert und getrennt für den Änderungsbericht gespeichert.

Ändert der Benutzer den Sloppy Level, ändern sich dadurch natürlich auch die Block-Grenzen, die bereits bestehende Auswahl geht somit verloren.

---

[1] Das Vorgehen, alle Elemnte eines Blockes zu suchen, und für diese dann ein neues Stylesheet zu setzen, ist aus Performanz-Gründen natürlich nicht optimal. Es entstand deshalb im Rahmen der Entwicklungsphase auch die Idee, für jeden Block und jeden möglichen Zustand (selected, unselected, hover_over) einen eigenen Stylesheet-Bereich zu definieren, der dann mit der JavaScript-Eigenschaft visible einfach für den kompletten Block umgeschaltet werden kann. Wie sich bei ersten Tests jedoch herausstellte, ist diese auf den ersten Blick etwas elegantere Lösung der verwendeten Implementierung nicht überlegen.

Kapitel 7

Block-Extraktion und Report-Generierung

Nachdem der Benutzer eine Auswahl von gewünschten Blöcken getroffen hat, müssen diese nun aus dem ursprünglichen Kontext der Webseite herausgelöst werden. Das Ziel ist die Erstellung eines Benutzer-individuellen Änderungsberichtes, welcher einen schnellen und einfachen Überblick über geänderte Elemente in einer Webseite liefert. Zum einen sollen die Änderubgsblöcke dabei vollständig aus der ursprünglichen Seite extrahiert werden, um einen leichten und möglichst umfassenden Überblick auch über längere Zeiträume zu erhalten. Zum Anderen soll diese Extraktion aber so geschehen, dass Designvorgaben und Umgebungen, in denen die Elemente stehen, mit in den Report übernommen werden, damit optisch wieder ein einfacher Bezug zur Ursprungsseite hergestellt werden kann. Diese Extraktion findet unmittelbar nach der Block-Auswahl (siehe Kapitel 6.5) statt. Die herausgelösten Blöcke werden im Datenbanksystem abgelegt, wo sie dann für die Reportgenerierung zur Verfügung stehen.

7.1 Block-Extraktion

Hat der Server vom Benutzer die zu speichernden Blocknummern erhalten, durchsucht er seine gespeicherte Seitenansicht nach diesen Nummern, um alle HTML-Elemente zu erhalten, die zu den entsprechenden Blöcken gehören.

Natürlich genügt es nicht, einfach nur die einzelnen, zu einem Block gehörenden Elemente zu extrahieren und für den Änderungsbericht untereinander zu setzen: Zum einen gibt es HTML-Elemente, die nur innerhalb bestimmter anderer Elemente vorkommen dürfen. So darf eine HTML-Tabellenzellendefinition (`<td>`) zum Beispiel nur in einer Tabellenzeilen-Definition (`<tr>`) stehen, die wiederum nur innerhalb einer HTML-Tabelle (`<table>`) benutzt werden darf.

Zum anderen können umgebende Markups ihren inneren Elementen Informationen über deren Aussehen mitgeben: Ein Kindelement erbt alle seine Stylesheet- und sonstigen Layout-Eigenschaften von seinem Eltern-Element, es sei denn, für das Kindelement werden diese neu gesetzt. Ein Herausreißen des Elementes aus seinem Kontext könnte so zu einer Zerstörung des ursprünglichen Layouts des Elementes führen.

Daher wird für die Block-Extraktion wieder ein HTML-Syntaxbaum aufgebaut, der das Dokument repräsentiert. Um einen Block aus der Seite zu extrahieren, wird zunächst die *Abstammungslinie* (lineage) des ersten Elementes im Block ermittelt; diese besteht aus allen Vater-Knoten eines Elementes. Alle HTML-Tags in der Abstammungslinie werden in die Ausgabe für den späteren Bericht eingefügt, erst dann folgt das eigentliche Element.

Für das nächste Element im Block wird wiederum die Abstammungslinie bestimmt und mit der des vorher extrahierten Elementes verglichen. HTML-Tags, die in der neuen Abstammungslinie nicht enthalten sind, werden geschlossen. Dann werden alle Tags geöffnet, die in der neuen, aber nicht in der alten Abstammungslinie enthalten sind, danach folgt das eigentliche Element usw. Für das letzte Element im Block werden alle noch geöffneten HTML-Tags geschlossen.

Die so generierte Ausgabe der Blöcke wird im Datenbanksystem abgelegt. Da Stylesheet-Angaben im HTML-Dokument oder in einer externen CSS-Datei das Aussehen von Elementen beeinflussen, werden auch alle `<style>`- und `<link>`- Elemente aus dem HTML-Dokument kopiert und in der Datenbank gespeichert.

7.2 Der Änderungs-Report

Für die Erstellung des Änderungs-Berichtes müssen nur noch für jedes Datum die vorher extrahierten Elemente sowie deren Stylesheetvorgaben aus der Datenbank des WebWatch-Servers geladen werden. Um zu verhindern, dass sich die Stylesheet-Definitionen verschiedener Änderungs-Zeitpunkte gegenseitig überschreiben, wird jeder Änderungszeitpunkt in ein eigenes `<iframe>`-Element eingebettet. So ist es möglich, für jeden Änderungszeitpunkt eigene Stylesheets zu definieren. Der Änderungsbericht (Abbildung 7.1)

Abbildung 7.1: Änderungsbericht für die Portalseite der Firma Quelle

besteht aus einer dreispaltigen Tabelle. In der ersten Spalte ist das Datum des Änderungszeitpunktes vermerkt, die zweite Spalte enthält ein Thema, welches die Seite grob beschreibt (dieses kann der Benutzer mit Hilfe des restlichen WebWatch-Systems eingeben). Die ausgewählten Blöcke lassen sich in der Spalte *Blöcke* anzeigen, die Schaltfläche *Anzeigen/Verbergen* dient dazu, die Block-Ansichten bestimmter Änderungszeitpunkte in den Bericht ein- oder auszublenden.

Kapitel 8

Datenspeicherung

Während der Verarbeitung einer HTML-Seite fallen verschiedene Zwischenzustände an, die auf dem WebWatch-Server gespeichert werden müssen. Diese lassen sich einteilen in *benutzerunabhängige Zustände* und *benutzerabhängige Zustände*.

Benutzerunabhängig sind Zwischenzustände dann, wenn sie für alle Benutzer gleich sind und somit nur einmal für alle Benutzer gespeichert werden müssen.

Benutzerabhängig hingegen sind all die Zwischenzustände, auf die der Benutzer Einfluss hat, die also von seinen Vorgaben abhängen und somit für jeden Benutzer getrennt gespeichert werden müssen.

Folgende Zwischenzustände müssen im WebWatch-System abgelegt werden:

Archivkopie (benutzerunabhängig): Eine lokale Eins-zu-eins-Kopie einer Webseite aus dem Internet, erstellt zu einem bestimmten Zeitpunkt (siehe Kapitel 2).

Differenz-Seite (benutzerunabhängig): Entsteht durch den Vergleich zweier Archivkopien mittels Differenzanalyse (siehe Kapitel 3). Enthält den Quelltext der neueren Archivkopie, wobei Änderungen durch HTML- Kommentare (`<-- CONTEXT_DIFF: BEGIN_BLOCK-->` bzw. `<-- CONTEXT_DIFF: END_BLOCK-->`) kenntlich gemacht werden.

Seitenansicht (benutzerabhängig): Wird aus der Differenz-Seite berechnet (siehe Kapitel 6.3). Enthält farbige Markierungen von Änderungen sowie Event-Handler zum Anzeigen von Block-Grenzen und zur Auswahl einzelner Blöcke. Die Seitenansicht ist abhängig von den Sloppy-Level-Einstellungen des Benutzers.

Extrahierte Blöcke (benutzerabhängig): Enthält alle Blöcke, die ein Benutzer für seinen Änderungsbericht ausgewählt hat (siehe Kapitel 7).

Abbildung 8.1 verdeutlicht diesen Zusammenhang noch einmal.

Für die Speicherung benutzerunabhängiger Zustände wurde das normale Dateisystem benutzt, da es sich hier meist um lokal eng begrenzte Daten handelt, die sequentiell gelesen und geschrieben werden. Für benutzerabhängige Zustände wurde ein MySQL-Datenbanksystem benutzt, da schnell auf weit verstreute Datensätze zugegriffen werden muss.

8.1   Speicherung im Dateisystem

8.1.1   Archivkopie

Beim Anlegen einer Archivkopie wird ein Verzeichnis erzeugt, dessen Name aus dem Datum des Sicherungszeitpunktes besteht. Das Datum hat dabei das Format „`JJJJ_MM_TT`" also z.B. `2003_01_02` für den 2.

Januar 2003. Das Verzeichnis enthält den Quelltext der jeweiligen Seite in der Datei `archiv.html`. Weitere Seiten, die geöffnet werden (z.B. Frames oder dynamisch nachgeladene Seiten) werden mit 0 beginnend durchnummeriert, und in einem Unterverzeichnis namens `dyn_NUMMER` als Datei `dyn_NUMMER.html` abgelegt, wobei `NUMMER` die laufende Nummer angibt. Öffnet eine solche nachgeladene Seite wiederum eine neue Seite, so wird innerhalb des Unterverzeichnisses dieser nachgeladenen Seite ebenfalls ein Unterverzeichnis geöffnet und so fort.

8.1.2 Differenz-Seite

Die Differenz-Seite, die durch den Vergleich zweier Archiv-Kopien entsteht, wird in dem Stammverzeichnis der neueren abgelegt, und zwar unter dem Dateinamen `diff.html`.

8.2 Speicherung im Datenbanksystem

Die Datenbank für das WebWatch-System benutzt zwei Tabellen: Die *user*-Tabelle und die *stats*-Tabelle. In der *stats*-Tabelle werden benutzerunabhängige Statistiken, die aus der Differenzanalyse gewonnen werden können, gespeichert. Diese Tabelle soll uns für dieses Buch nicht weiter interessieren. In der *user*-Tabelle (siehe Tabelle 8.1) werden alle benutzerabhängigen Informationen abgelegt.

Name	Datentyp	Primärschlüssel
site	VARCHAR(30)	Ja
date	VARCHAR(21)	Ja
themetext	VARCHAR(80)	Nein
themecolor	VARCHAR(12)	Nein
t1	TINYINT(1)	Nein
t2	TINYINT(2)	Nein
username	VARCHAR(30)	Ja
marked	LONGTEXT	Nein
rep_part	LONGTEXT	Nein
rep_headinfos	LONGTEXT	Nein

Tabelle 8.1: Aufbau der user-Tabelle

Ein Tupel in der Tabelle kann eindeutig über die Primärschlüssel-Attribute *site* (Name der Webseite, den der Benutzer frei vergeben kann), *date* (das Datum des Sicherungszeitpunktes, im Format JJJJ_MM_TT) und *username* (Name des Benutzers) referenziert werden. Die Attribute *themetext, themecolor, t1* und *t2* sind für weitere WebWatch-Funktionen nötig, die hier nicht näher betrachtet werden sollen. Für die Implementierung des Prototyps wurde die Tabelle um die Attribute *marked, rep_part* und *rep_headinfos* erweitert, die zur Speicherung der Seitenansichten und der markierten Blöcke benötigt werden.

8.2.1 Speicherung von Seitenansichten

Um eine berechnete Seitenansicht nicht wieder zu verlieren, sondern für einen weiteren Aufruf zur Verfügung zu haben, wird ihr kompletter HTML-Quelltext unter dem *marked*-Attribut der user-Tabelle abgelegt. Für Seiten mit CSS-Positionierungen wird hier der Quelltext für ein Frameset abgelegt, bestehend aus dem Hinweis zur CSS-Positionierung (siehe Abbildung 6.2) und der ursprünglichen Archivkopie der entsprechenden Seite.

8.2.2 Speicherung von extrahierten Blöcken

Hat ein Benutzer Blöcke für seinen Änderungsbericht ausgewählt, werden die entsprechenden Elemente vom Server extrahiert und anschließend unter dem Attribut *rep_part* abgelegt. Zusätzliche Stylesheet-Informationen aus der Head-Sektion der HTML-Seite, die zur korrekten Darstellung der Webseite nötig sind, werden unter dem Attribut *rep_headinfos* gespeichert.

Handelt es sich um eine Seite mit CSS-Positionierungen und soll die ganze Seite für den Bericht ausgewählt werden, wird unter *rep_headinfos* mit dem Schlüsselwort CSS_SITE vermerkt, dass für den Änderungsbericht die komplette Seite angezeigt werden muss. Der Pfad zur Seite, die sich ja im Dateisystem befindet, wird dann unter dem Attribut *rep_part* eingetragen.

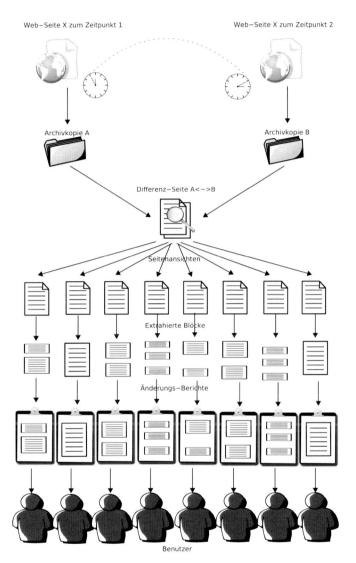

Abbildung 8.1: Speicherung von Zwischenzuständen

Kapitel 9

Zusammenfassung

Ziel des in diesem Buch beschriebenen Prototyps war es, zu überprüfen, in wie weit sich Änderungen in Web-Seiten als Indikator für zusammengehörige Inhalte und Kontexte benutzen lassen. Hierzu wurden zunächst die Problematiken der auomatischen Seitenarchivierung durch die Implementierung entsprechender Software exemplarisch untersucht. Schwierigkeiten in dynamischem HTML, die sich z.B. aus der Verwendung von JavaScript ergeben, werden hierbei durch ein anpassbares JavaScript-Präprozessor-Modul gelöst, welches HTML-Code von kritischen Anweisungen bereinigen kann. Zur Identifzierung von Einzeländerungen wurde der *HTMLDiff-Algorithmus* von Douglis und Ball [3] verwendet. Für die Zusammenfassung von Änderungen zu Blöcken wurden heuristische Verfahren sowohl für herkömmliche HTML-Seiten als auch für Seiten mit Tabellen-basiertem Layout entwickelt und deren Funktionalität anhand einer Prototyp-Implementierung gezeigt. Darüber hinaus wurde ein zusätzliches Unschärfesystem integriert, durch das der Benutzer die starren Regeln zur Blockzusammenfassung zu Gunsten der Qualität der gefundenen Blöcke individuell und seitenspezifisch anpassen kann. Der Praktische Wert der hier vorgestellten Untersuchungen wurde durch die Implementierung eines Report-Generators gezeigt: Mit diesem können Benutzer vom System generierte Änderungsblöcke auswählen, die dann aus ihrem ursprünglichen Seitenkontext herausgelöst und in einem kompakten und leicht überschaubaren Änderungsbericht zusammengefasst werden können. Die vorliegende Implementierung soll nach einigen Optimierungen in das WebWatch-System der Firma *etone intermedia GmbH* integriert werden, wo es der leichteren Überwachung von Änderungen zu Marketingzwecken dienen soll.

Die von dem System auf Grund von zusammengefassten Änderungen generierten Blöcke eintsprachen meist einer intuitiven Blockaufteilung, wie sie ein Mensch durch sein Kontextverständnis durchführen würde. Zusammengehörige Elemente wurden meist gleichzeitig geändert und wurden somit auch von dem System als Einheit erkannt. Somit wurde gezeigt, dass die getroffenen Annahmen über den Zusammenhang zwischen Kontext und Änderungsverhalten in Webseiten zutreffend sind. Inwieweit sich diese Erkenntnisse noch effektiver für die Kontextanalyse einsetzen lassen, müssen zukünftige Untersuchungen zeigen.

Kapitel 10

Ausblick

Mit Hilfe der in diesem Buch vorgestellten Verfahren ließen sich bereits sehr brauchbare Ergebnisse erzielen, die zeigen, dass dynamische Änderungen für die Kontexterkennung und HTML-Verarbeitung in Web-Seiten einen großen Beitrag leisten können. Für zahlreiche Bereiche, wie z.b. das Content management, die Konvertierung von HTML-kodierten Inhalten für andere Präsentationsformen (für Druck, Sprachausgabe, etc.) oder, wie in diesem Buch, für den Marketing-Bereich lassen sich praktische Anwendungen finden. Ebenfalls ist zu überlegen, in wie weit die in diesem Buch erarbeiteten Lösungsansätze nicht nur zur Extraktion geänderter Elemente benutzt werden können, sondern zur Überwachung einzelner statischer Elemente - so könnte z.b. ein System implementiert werden, mit dem Benutzer bestimmte Elemente auswählen kann, um später darüber informiert zu werden, sobald sich diese ändern.

Für die in diesem Buch beschriebene Implementierung wurden bewusst einige Spezialfälle und Besonderheiten ausgeklammert, deren Untersuchung die Erkennung sinnvoller Kontextzusammenhänge jedoch noch weiter verbessern könnte:

- Dynamisch-nachgeladene Seiten (die z.B. per JavaScript oder ähnliches eingebunden werden), werden zum Teil nicht berücksichtigt. Ein vollständiges JavaScript-Verständnis könnte jedoch die Qualität gefundener Blöcke deutlich steigern.

- Wird eine Seite als Frameset dargestellt, so werden in der vorliegenden Implementierung nur die Haupt-Frames (die jeweils größten HTML-Dateien) miteinander verglichen. Für eine vollständige Blockerkennung könnte aber auch die Mitbetrachtung von Menü- oder Navigationsframes sinnvoll sein.

- Seiten mit CSS-positionierten Elementen wurden bisher vollkommen von der Blockerkennung ausgegrenzt. Da aber immer mehr Webseiten-Designer auf diese Gestaltungsmöglichkeit zurückgreifen, sollten Verfahren entwickelt werden, die die Blockerkennung speziell für solche Seiten optimieren.

- Das System arbeitet nur dann optimal, wenn die Webseiten in syntaktisch korrektem HTML vorliegen. Kleinere Fehler werden zwar automatisch korrigiert, oft führen aber gerade diese Korrekturen zu schlechten Block-Strukturen. Viele WYSIWYG-Programme zur Erstellung von Webseiten erzeugen jedoch meist nicht ganz korrektes HTML, was von den meisten Browsern aber doch dargestellt werden kann, da sie über spezielle Fehlertoleranz-Mechanismen verfügen. Ein Einbinden solcher Verfahren in die Blockerkennung könnte hilfreich sein.

- Die Blockerkennung und der Sloppymode sind in der vorliegenden Implementierung getrennte Verfahren, die hintereinander angewandt werden. Auf Grund der deutlichen Verbesserungen in der Erkennung sinnvoller Kontexte auf fast jeder Webseite, die sich durch Benutzung des Sloppy-Modes bemerkbar machen, sollte für zukünftige Implementierungen darüber nachgedacht werden, wie sich die einfache Blockerkennung und der Sloppy-Mode in einem Verfahren integrieren lassen.

- Das bisherige System nutzt immer nur zwei Versionen einer Seite, um zusammengehörige Blöcke zu erkennen. Es könnte interessant sein, mehrere wenn nicht gar beliebig viele Seiten in die Blockerkennung einfließen zu lassen und die Einflüsse auf die Qualität der Blockerkennung zu beobachten.

Abbildungsverzeichnis

Literaturverzeichnis

[1] *Microsoft Internet Explorer Homepage*, URL: http://www.microsoft.com/windows/ie/default.asp, Stand: Januar 2004

[2] Hunt, J.W. und McIlRoy, M.D.: *A fast Algorithm for Differential File Comparison* in: ACM Vol. 20; 1977; Seiten 350-353

[3] Douglis, Fred und Ball, Thomas: *Tracking and Viewing Changes on the Web* in: USENIX Annual Technical Conference; 1996; Seiten 165-176

[4] Konz, Ned: `Algorithm::Diff` *Version 1.15, CPAN Documentation*, URL: http://search.cpan.org/~nedkonz/Algorithm-Diff-1.15/lib /Algorithm/Diff.pm, Stand: Januar 2004

[5] *The World Wide Web Consortium*, URL: http://www.w3c.org, Stand: Januar 2004

[6] Münz, Stefan: *SelfHTML 8.0*, URL: http://selfhtml.teamone.de, Oktober 2001

[7] Bergner, Peter: *CSS-Technik*, URL: http://www.css-technik.de, Stand: Januar 2004

[8] Hietaniemi, Jarkko: *The Comprehensive Perl Archive Network*, URL: http://www.cpan.org, Stand: Januar 2004

[9] Wiese, Wolfgang: *xwolf.de*, URL: http://www.xwolf.de, Stand: Januar 2004

[10] *Homepage der Firma Quelle*, URL: http://www.quelle.de, Stand: Juli 2003 - Januar 2004

[11] *Homepage des Instituts für Informatik der Universität Erlangen-Nürnberg*, URL: http://www.informatik.uni-erlangen.de, Stand: Januar 2004

[12] *WebWatch-Prototyp der Firma etone Intermedia GmbH*, URL: http://www.webwatch.biz, Stand: Januar 2004

Printed by Books on Demand GmbH, Norderstedt / Germany